SABER PARA VIVIR

ALCOHOL

EDITA

Nova Galicia Edicións, S.L.
Avda. Ricardo Mella, 143 Nave 3
36330 – Vigo (España)
Tel. +34 986 462 111
Fax. +34 986 462 118
http://www.novagalicia.com
e-mail: novagalicia@novagalicia.com

© **Nova Galicia Edicións, S.L.**
© **Carlos del Pulgar Sabín**
© **Mª Carmen Lorenzo Pontevedra**

Depósito legal: VG: 970-2005
ISBN obra completa: 84-96293-93-9
ISBN volumen: 84-96293-94-7

IMPRESIÓN

Alva Gráfica, A Coruña

■ ■ ■

EDITOR
CARLOS DEL PULGAR SABÍN

DIRECCIÓN Y COORDINACIÓN
ELISARDO BECOÑA IGLESIAS

AUTOR DEL LIBRO
Mª CARMEN LORENZO PONTEVEDRA

FOTOGRAFÍA
XULIO GIL RODRÍGUEZ

DISEÑO Y MAQUETACIÓN
NOVA GALICIA EDICIÓNS, S.L.

INFOGRAFÍA
NOVA GALICIA EDICIÓNS, S.L.

TRADUCCIÓN Y REVISIÓN LINGÜÍSTICA
NOVA GALICIA EDICIÓNS, S.L.

Las imágenes que aparecen en este libro han sido tomadas en situaciones ficticias, creadas expresamente para ello. No corresponden a comportamientos habituales de las personas que aparecen en ellas.

Nova Galicia Edicións agradece la colaboración de la Unidad de Tratamiento de Alcoholismo ASVIDAL de Vigo y de todas las personas que han participado desinteresadamente en la realización de las fotografías.

ALCOHOL

Mª Carmen Lorenzo Pontevedra

NOVA GALICIA EDICIÓNS

SABER PARA VIVIR

Títulos de la colección

TABACO

ALCOHOL

DROGAS

VIOLENCIA ESCOLAR

SEXUALIDAD

ADICCIÓN A NUEVAS TECNOLOGÍAS

EMOCIONES Y SENTIMIENTOS

ESTUDIAR MEJOR... TODO UN DEPORTE

CONSUMISMO

¿POR QUÉ NO ME ENTIENDEN MIS PADRES?

INDICE

Tradicionalmente el consumo de alcohol estaba vinculado tanto a las comidas diarias como a las distintas celebraciones, bautizos, bodas, cumpleaños y todo tipo de fiestas. Además de este tipo de consumo, propio sobre todo de personas adultas, desde hace algunos años se ha cambiado esta pauta de consumo por otra que han incorporado, sobre todo, los adolescentes, chicos y chicas, consistente en consumir grandes cantidades de alcohol, sobre todo durante las salidas del fin de semana.

Introducción

A menudo el alcohol se asocia con diversión y buen rollo, por sus efectos cuando se consume en pequeñas cantidades. Pero no debemos olvidar que el alcohol es una droga y que puede tener efectos perjudiciales para nuestro cuerpo, desde la típica borrachera hasta diversos problemas físicos y emocionales, si se hace un consumo excesivo e inadecuado.

A lo largo de este libro daremos a conocer de forma sencilla lo que te interesa saber sobre las bebidas alcohólicas. La lectura del mismo te ayudará a comprender por qué la gente bebe, así como los efectos que tiene el alcohol en las personas.

También intentaremos que te prepares para enfrentarte al alcohol, ya que es una sustancia con la que tarde o temprano te vas a encontrar. Por la relevancia social del mismo, y por el consumo tan extendido en nuestra sociedad, en algún momento tendrás que tomar una decisión sobre consumir o no alcohol.

Hay constancia de que desde aproximadamente el año 4.000 a. C. ya se vienen utilizando las bebidas alcohólicas, aunque de forma distinta a la actual.

Evolución de las bebidas alcohólicas en nuestra sociedad

Inicialmente el uso de estas sustancias tenía un carácter ritual, mágico-religioso. Pero el alcohol traspasó pronto la frontera de lo ritual y mágico, obligando a regular su uso en algunas civilizaciones. Por ejemplo, en el famoso código del rey Hammurabi de Mesopotamia (aproximadamente 1.700 años a. C.), se dedicaron varias leyes a la regulación de la venta y del consumo de cerveza.

▶▶▶ El abuso de alcohol en los adolescentes tiene un inicio cada vez más precoz en ambos sexos. Éste es un dato preocupante ya que una iniciación temprana en el consumo de alcohol se asocia con un mayor consumo posterior en la edad adulta. Y esto se asocia a su vez con problemas físicos y psicológicos derivados del consumo abusivo de alcohol.

Con la aparición de la técnica de la destilación y el descubrimiento del alambique en la Edad Media (siglo IX) fue posible el uso de bebidas de más alta graduación.

▶▶▶ Se sabe que la aparición de las bebidas alcohólicas se produjo en el viejo y el nuevo continente de forma independiente, aunque posteriormente en la época de los descubrimientos y de las colonizaciones fue cuando se produjo una expansión de distintos tipos de bebidas alcohólicas en ambas direcciones.

▶▶▶ **Es precisamente el actual problema de alcoholismo juvenil y sus riesgos asociados lo que ha suscitado el interés por este tema y la necesidad de su control.**

Finalmente, y bien entrado el siglo XX, sobre todo en la segunda mitad, es cuando se produce la gran expansión del consumo de alcohol a escala mundial. Ello es debido a los movimientos migratorios, al aumento de la fabricación, industrialización y comercialización de todos los tipos de alcohol.

Actualmente, el alcohol es un producto más de consumo, fácil de conseguir y además es legal en España y en una gran mayoría de países.

Durante mucho tiempo el alcohol ha sido una droga con gran aceptación social y cuyo control ha estado obstaculizado por intereses económicos debido a que nuestro país es uno de los principales productores de alcohol del mundo, concretamente de vino, del que ocupamos el tercer puesto de producción mundial.

¿Qué es una bebida alcohólica?

El alcohol es una sustancia que puede producir dependencia a las personas que lo consumen y tiene asociado un síndrome de abstinencia que se encuentra entre los más peligrosos de todas las drogas. El alcohol es la droga más consumida y la que más problemas sociales y sanitarios causa (accidentes de tráfico y laborales, bajas laborales, malos tratos, etc.).

Aunque hay una gran disponibilidad de bebidas alcohólicas, el componente psicoactivo común a todas ellas es el alcohol etílico o etanol. Su fórmula química es CH_3CH_2OH. Puesto que el alcohol es una droga, cuando tomamos cualquier tipo de bebida alcohólica podemos decir que estamos consumiendo en mayor o menor grado una droga. La graduación de las bebidas alcohólicas se determina por la cantidad de alcohol que posee cada bebida. Así, una bebida de 20 grados tiene un porcentaje de alcohol del 20%. El alcohol no varía de una bebida a otra (es siempre alcohol etílico) lo que varía es su concentración (el porcentaje de alcohol).

La calidad de la bebida (vino o producto destilado) no repercute en sus efectos ya que éstos dependen de la cantidad de alcohol que contiene la bebida.

Clasificación de las bebidas alcohólicas

Los problemas más frecuentes relacionados con el consumo de alcohol en los jóvenes son debidos a ingestiones esporádicas de mucha cantidad de alcohol en poco tiempo. Los más importantes son accidentes de tráfico, problemas en el hogar y en la escuela (absentismo y fracaso escolar), intoxicaciones agudas, conductas agresivas y conductas sexuales de riesgo.

BEBIDAS FERMENTADAS. La fermentación es un proceso químico natural que se produce cuando diversos microorganismos que se encuentran en el aire y en la fruta actúan sobre diversos vegetales y frutas de gran contenido en azúcar, y lo transforman en alcohol. Su contenido en alcohol oscila entre 5 y 15 grados. Los más consumidos dentro de esta categoría son vinos, cava, cerveza y sidra.

BEBIDAS DESTILADAS.

La destilación consiste en llevar a ebullición los líquidos fermentados y condensar luego los vapores producidos. Su contenido de alcohol oscila entre 25 y 50 grados. Los más consumidos son aguardiente de orujo, whisky, ron, coñac, ginebra, vodka y anís, pero hay muchos otros más.

LAS BEBIDAS ENRIQUECIDAS como el vino de Oporto o el vermú son mezclas de vino con alcohol y tienen entre 18 y 24 grados.

La tendencia actual de los jóvenes a consumir alcohol de alta graduación (ginebra, whisky, ron) mezclado con bebidas carbónicas, como refrescos de cola, de naranja, de limón, o tónicas, potencia los efectos del alcohol gracias al CO_2 de estas bebidas, además de suavizar el sabor del alcohol, con lo que los jóvenes beben grandes cantidades de alcohol en un corto periodo de tiempo (consumo típico del famoso botellón del fin de semana), lo que les conduce rápidamente a estados de embriaguez y en algunos casos al coma etílico.

El alcohol es una droga

El alcohol es, después de la cafeína, la droga de mayor consumo en el mundo. En muchos países es la droga más consumida. El consumo de alcohol predomina en el mundo occidental, aunque algunas religiones como la musulmana prohíben su consumo.

Tiene un efecto depresor sobre el sistema nervioso central que afecta a las funciones cerebrales superiores responsables de la conducta y del control personal.

Sus efectos sobre el cerebro varían según la dosis ingerida. A dosis bajas se produce un efecto ligeramente estimulante, alivio de la ansiedad, relajación y sobre todo desinhibición.

A dosis altas produce un efecto contrario, la persona se vuelve más lenta, tiene dificultad para articular palabras, somnolencia y pérdida del control muscular, entre otros síntomas.

Los efectos del alcohol sobre el organismo dependen de diversos factores, como la cantidad ingerida, el tiempo en que se consume, si se toma o no durante las comidas, el peso de la persona, la edad, si es hombre o mujer, la tolerancia que se tenga, el estado de ánimo y también si se consume junto con otras drogas o fármacos.

En los niños y jóvenes los efectos del alcohol son todavía mayores que en los adultos por estar éstos en periodo de crecimiento, pesar menos y tolerar menos el alcohol.

▶▶▶ El alcohol tiene un efecto sedante y una acción inductora del sueño que puede llegar al coma cuando se bebe en exceso.

¿Por qué se produce el coma etílico?

Con una tasa de alcoholemia de 1 gramo por litro se produce la intoxicación alcohólica aguda o embriaguez en adultos. Si la persona continúa bebiendo, y llega a alcanzar una tasa de alcoholemia de 4 ó 5 gramos por litro, se puede producir una sobredosis etílica causando el coma (pérdida total o parcial de respuesta a los estímulos). La muerte, por parada cardiorrespiratoria, se produciría porque el alcohol paraliza varias partes del cerebro, entre ellas las que se ocupan de las funciones respiratorias.

La combinación de alcohol con otras drogas puede tener un efecto multiplicador. Cuando se ingieren al mismo tiempo alcohol y otras drogas depresoras, como los barbitúricos o los ansiolíticos, el efecto depresor es potenciado y puede ralentizar el funcionamiento orgánico hasta llegar a detener la respiración.

Consumo de alcohol

Si por el contrario se consume con otro tipo de drogas, como anfetaminas o cafeína, de efectos contrapuestos a los del alcohol, produce síntomas de excitación y agresividad en personas predispuestas (personas con antecedentes de conductas violentas). Esta mezcla puede convertir a este tipo de bebedores en sujetos peligrosos y violentos (ej., que el adolescente pegue a su madre).

▶▶▶ Los niños y los jóvenes, por su edad y su incompleto desarrollo físico, tienen una menor tolerancia a los efectos del alcohol. La intoxicación con el alcohol en ellos reviste más gravedad que en los adultos.

y otras drogas

Entre los jóvenes es muy popular el consumo de alcohol con refrescos de cola que contienen cafeína, así como con otras drogas ilegales y de tipo recreativo como cannabis, drogas de diseño y cocaína. Éstas son combinaciones peligrosas, especialmente alcohol-cocaína, y empiezan a ser habituales en las salidas de fin de semana de una parte de los jóvenes.

▶▶▶ La mezcla de alcohol con sustancias estimulantes entre los jóvenes se debe a que éstos precisan contrarrestar los efectos depresores del alcohol para combatir el sueño y aguantar de marcha hasta altas horas de la madrugada.

El alcoholismo

Cuando en una persona se produce la dependencia física y psicológica del alcohol decimos que tiene un problema de alcoholismo. A esta situación se llega después de varios años de consumo excesivo de alcohol, aunque actualmente las nuevas formas de consumo, los combinados de alta graduación y la mezcla con otras drogas, están propiciando la aparición de alcohólicos muy jóvenes dado que su periodo de incubación del alcoholismo es muy rápido.

Antes de ser un alcohólico propiamente dicho, el individuo pasa por varias fases, de las cuales destaca beber en exceso y de forma habitual, lo que perjudica seriamente a su organismo. Aunque no hay una dependencia clara con respecto al alcohol, y la vida cotidiana es aparentemente normal, comienzan a ser habituales las borracheras, las alteraciones de la conducta (violencia, faltar a la escuela o instituto, bajo rendimiento en el trabajo, en aquellos que trabajan, empobrecimiento de la vida social, etc.) y la utilización del alcohol para afrontar cualquier problema que les surja.

El uso continuado de alcohol hace que se desarrolle tolerancia al mismo. Ésta se caracteriza por la adaptación del cuerpo a la presencia continuada de alcohol. La tolerancia hace que la persona tenga que consumir más alcohol para conseguir el mismo efecto. Debido a la tolerancia, muchas personas creen erróneamente que el alcohol no les afecta, ya que, a pesar de beber bastante cantidad de alcohol, no se emborrachan y aparentemente no les afecta en su comportamiento. Esto les lleva a incrementar su consumo de alcohol y seguir bebiendo, con lo que se produce la dependencia.

Contenido de alcohol en bebidas habituales			
Bebida	**Volumen**	**UBE**	**Gramos**
Vino (12°)	1 vaso (100 ml)	1	10
	1 litro	10	100
Cerveza (5°)	1 caña (250 ml)	1	10
	1 litro	4	40
Destilados (40°)	1 copa (50 ml)	2	20
	1 carajillo (25 ml)	1	8
	1 combinado (50 ml)	2	20
	1 litro	40	400
Aperitivos	1 Jerez (50 ml)	1	10
	1 vermut (50 ml)	2	15

Ésta se caracteriza por ser un estado progresivo en el que la persona manifiesta una creciente necesidad de alcohol. Se manifiesta a través del impulso irresistible a seguir consumiendo alcohol aún a sabiendas de los daños que produce.

En esta situación el bebedor ha perdido el control sobre su consumo de alcohol.

▶▶▶ Cuando un alcohólico que ha llegado a esta situación de dependencia intenta dejar de golpe el alcohol, debido al fenómeno de tolerancia, se produce el síndrome de abstinencia, que es la forma de reaccionar del organismo ante la falta de alcohol, al que ya se ha acostumbrado. Entonces, el alcohólico observa que volviendo a consumir alcohol se le produce un alivio de los síntomas. Ha entrado así en un círculo vicioso del que le va a costar salir.

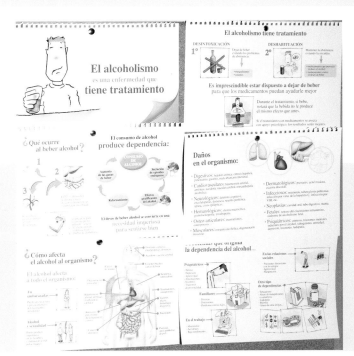

Síndrome de abstinencia del alcohol

Se produce en personas dependientes del alcohol cuando se han adaptado a la presencia de éste y necesitan consumirlo para calmar la sensación de malestar que les produce la falta de alcohol.

Se caracteriza en los casos graves por: temblor en las manos, sudoración, convulsiones, náuseas, taquicardias, calambres, ansiedad, ideas delirantes de persecución, celos, desorientación espacio-temporal y alucinaciones visuales.

El alcohol cambia el comportamiento de las personas

Los efectos del alcohol sobre el comportamiento dependen de las diferencias individuales, de las circunstancias ambientales, del estado de ánimo y de la personalidad.

El alcohol produce desinhibición conductual y emocional. Dependiendo de cada persona el alcohol influye de manera diferente en su comportamiento. Así, en personas introvertidas, la desinhibición puede facilitarles las relaciones sociales. En cambio, los efectos desinhibitorios del alcohol pueden producir a una persona extrovertida un comportamiento descontrolado e inadecuado (insultar, gritar, etc.).

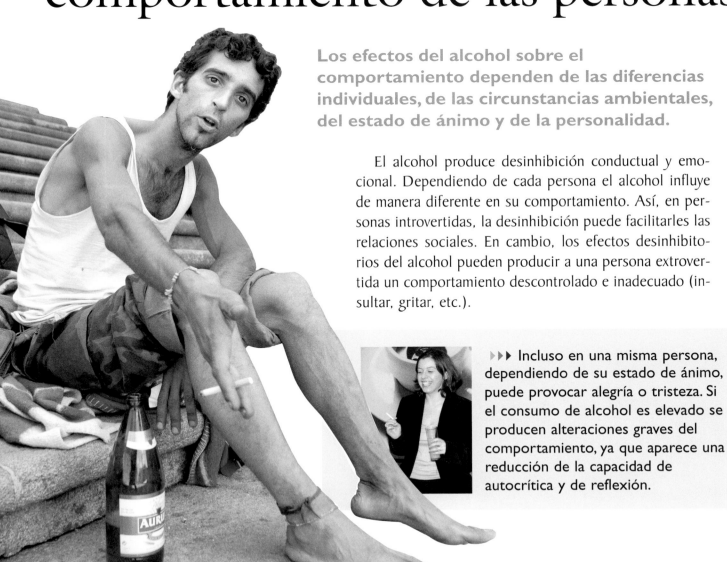

▶▶▶ Incluso en una misma persona, dependiendo de su estado de ánimo, puede provocar alegría o tristeza. Si el consumo de alcohol es elevado se producen alteraciones graves del comportamiento, ya que aparece una reducción de la capacidad de autocrítica y de reflexión.

También interfiere negativamente en los pensamientos y en el autocontrol, y activa la manifestación de emociones y sentimientos, como por ejemplo los celos patológicos, que sufren sobre todo los hombres y que son con frecuencia causa de violencia familiar o doméstica.

▶▶▶ El alcohol inhibe partes del cerebro que están destinadas a protegernos. Por ejemplo, los centros de ansiedad que nos hacen sentir miedo en presencia de peligro. Probablemente, estas partes del cerebro, evitan que hagamos cosas que nos pueden causar daño. Así, cuando una persona bebe toma decisiones que no tomaría de estar sobria. Dos ejemplos en los que la ansiedad puede resultar beneficiosa y, en cambio, la reducción de la misma por el alcohol potencialmente peligrosa son conductas sexuales y conducción imprudente. Este tipo de comportamiento se da en gran medida en los jóvenes cuando beben.

Alcohol y violencia doméstica

La violencia doméstica producida por el alcohol se manifiesta de diversas formas. Una de ellas es la llamada violencia de género, es decir, la que se produce por parte del hombre hacia la mujer.

Cuando hay hijos en el matrimonio éstos sufren directa o indirectamente las agresiones o el enrarecido clima familiar que produce el alcohol. Éste explica muchos de los casos que se producen.

Actualmente, con la incorporación de algunos jóvenes al consumo abusivo de alcohol, se produce una nueva forma de violencia doméstica que es la que sufren los padres y hermanos por parte del joven que abusa o tiene problemas de alcohol.

Consumo de alcohol en hombres y mujeres

El alcohol no sólo afecta de forma distinta a los hombres y a las mujeres sino que las pautas de consumo también son diferentes.

En los hombres el consumo de alcohol se hacía tradicionalmente por motivos sociales. En cambio las mujeres solían beber para reducir los estados emocionales negativos (depresión, dolores, problemas de pareja, soledad, aburrimiento...).

▶▶▶ Las mujeres adultas que beben son menos que los hombres. La constitución física de las mujeres, al tener menos peso y más grasa corporal, hace que el alcohol sea más perjudicial para ellas, y así la cirrosis hepática, enfermedad característica de los alcohólicos, suele tener una evolución más grave en el caso de las mujeres.

Los problemas de alcohol en las mujeres son realmente serios en caso de embarazo, ya que puede producir malformaciones en el feto, así como síndrome alcohólico fetal que se caracteriza por una disminución del tamaño del niño en el nacimiento, reducción del crecimiento, anomalías faciales y en el sistema nervioso central (incluyendo deficiencia mental), anomalías en las articulaciones y defectos cardíacos, urogenitales y cutáneos. La mortalidad perinatal en los hijos de las madres alcohólicas es del 20% y en los primeros meses de embarazo el consumo de alcohol se asocia con abortos espontáneos.

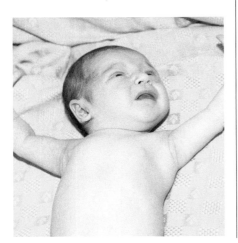

Cada vez son más las mujeres con problemas de alcohol debido al cambio de los roles tradicionales de las mujeres por los actuales, más parecidos a los del varón, y por el aumento de las situaciones de estrés que genera el mundo laboral. Se ha pasado de una proporción hace 25 años de alcoholismo entre hombres y mujeres de 10 hombres por 1 mujer, a unos índices actuales de 4 hombres por 1 mujer, que, al hablar de adolescentes, está ya igualado entre hombres y mujeres en el consumo abusivo de alcohol. Precisamente, en los adolescentes y jóvenes actuales, las pautas de conductas diferenciales de uno y otro sexo tienden a difuminarse. Actualmente las chicas jóvenes beben por las mismas razones que lo hacen los chicos: divertirse, sentirse desinhibidas, ligar, relacionarse mejor, etc.

▶▶▶ Con frecuencia el alcoholismo está unido a la depresión. Algunas personas si tienen problemas piensan que los pueden solucionar con el alcohol. Se olvidan de ellos mientras beben, pero los vuelven a tener cuando están sobrios. Utilizan el alcohol como un antidepresivo o como un ansiolítico. Estas personas corren el grave riesgo de beber cada vez más para olvidar su problema, pero éste no desaparece y, por el contrario, se encuentran con dos problemas: el que tenían y uno nuevo, el alcoholismo. Ante este círculo vicioso les es difícil dejar de beber. Darse cuenta de ello es el primer paso para dejar de beber y ver cómo solucionar el problema de base. También si lo detectamos y les ayudamos pueden salir de su problema. Utilizar el alcohol para cambiar el estado de ánimo es sólo una solución a corto plazo.

Alcohol y enfermedades

El consumo prolongado de alcohol causa diversos problemas de salud que afectan a todos los órganos del cuerpo, principalmente al aparato digestivo.

Dentro de éste tienen especial relevancia las alteraciones hepáticas, que dependen de la cantidad ingerida y del tiempo que se ha consumido alcohol.

Las más frecuentes son: la hepatitis alcohólica y la cirrosis hepática, que originan una pérdida de la capacidad funcional del hígado con síntomas como: mal estado general, pérdida de apetito, adelgazamiento, hemorragias digestivas y alteraciones del nivel de conciencia.

Las enfermedades del páncreas pueden afectar al 50% de los alcohólicos y producir dolores abdominales intensos, náuseas y vómitos.

En el tracto gastroduodenal (estómago e intestino), las alteraciones más frecuentes son: gastritis alcohólica aguda y la úlcera gastroduodenal, que está relacionada con el aumento de la secreción ácida del estómago producida por el alcohol.

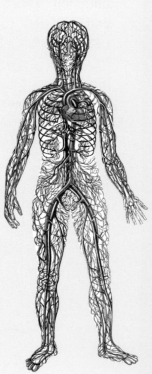

▶▶▶ La patología cardiovascular (la relacionada con el corazón, arterias, venas, etc.) se manifiesta sobre todo en una degeneración del músculo cardíaco, cuyos síntomas son la dilatación del corazón, la insuficiencia cardiaca y las arritmias. La hipertensión es tres veces más frecuente en alcohólicos que en el resto de la población. Los problemas en la sangre más frecuentes son la anemia alcohólica, o descenso de glóbulos rojos, y el descenso de glóbulos blancos que deja a la persona indefensa ante las infecciones.

TRES DÍAS DE LUTO

En cuanto a los trastornos de la nutrición son, fundamentalmente, enfermedades carenciales derivadas tanto de la falta de aporte de alimentos como de la dificultad del organismo para absorberlos. Esto lleva a la falta de vitaminas y minerales.

Otro tipo de trastornos son las disfunciones sexuales. En el hombre puede producir impotencia. Tanto en el hombre como en la mujer es frecuente la pérdida del deseo sexual y reducción de la fertilidad.

El sistema nervioso se ve afectado en gran medida por el abuso continuado de alcohol. La polineuritis alcohólica es una degeneración de los nervios sensomotores de las extremidades, especialmente de las piernas y se manifiesta en forma de parálisis, alteraciones musculares, anestesias, dolores y calambres.

▶▶▶ También el abuso de alcohol puede provocar pérdida de memoria, dificultades cognitivas y demencia alcohólica. Todas estas agresiones al organismo suponen una reducción de 10 a 15 años de la esperanza de vida según sean los casos individuales y el estado de salud de las personas afectadas.

▶▶▶ La mortalidad atribuible al alcohol en España es de más de 12.000 muertes cada año. La principal causa de muerte es la cirrosis hepática y otras enfermedades del hígado (casi 5.000), seguida de los accidentes de tráfico (casi 3.000) y tumores malignos (casi 3.000). La principal causa de mortalidad actual en los jóvenes españoles es por accidentes de tráfico, donde en casi todos los casos se debe al abuso del alcohol. La mayoría de los accidentes en este grupo de edad se producen a partir de las 12 de la noche.

Diversión y alcohol

Al ser el alcohol la droga social por excelencia, su protagonismo en nuestra vida hace que más pronto o más tarde nos encontremos ante el ofrecimiento de cualquier bebida alcohólica.

Así, aunque el primer consumo suele darse por lo general en el medio familiar, seguramente con motivo de alguna celebración, el consumo habitual suele empezarse en el seno del grupo de amigos y como una forma de autoafirmación, de complacencia hacia lo que creemos que quieren los del grupo o como una forma de trasgresión o de independencia.

Es por lo tanto, en el contexto recreativo del fin de semana, y como la forma principal de diversión, donde se inician una parte de los adolescentes y jóvenes actuales en el consumo abusivo de alcohol.

Así, la problemática del consumo de alcohol entre los jóvenes se deriva de las nuevas pautas de consumo que han adoptado y que son las siguientes:

▶▶▶ Con una cantidad de sólo 0,30 gramos de alcohol por litro de sangre (0,15 miligramos por litro de aire espirado), que equivale a 1 ó 2 consumiciones en poco tiempo (de cerveza, vino o bebida destilada) se tiene ya el doble de probabilidades de tener un accidente de coche con relación al que no ha bebido nada. En estas personas se observa que los reflejos les disminuyen, aprecian mal las distancias, subestiman la velocidad a la que van y tienen sensación de euforia. A mayor cantidad de alcohol mayores problemas y riesgo de accidente. Todo ello es un cóctel explosivo responsable de muchas muertes anuales de jóvenes en la carretera.

a) Un aumento del consumo de alcohol en los jóvenes durante los fines de semana y los días festivos, es decir, durante el tiempo dedicado a la diversión y evasión de los compromisos escolares y laborales. Hay una tendencia entre los adolescentes y jóvenes actuales a consumir bebidas alcohólicas de forma compulsiva y buscando sobre todo sus efectos embriagantes. Hay un descenso muy notable del consumo entre semana y aumenta muchísimo el consumo de fin de semana buscando los efectos producidos por la sustancia.

b) Descenso en la edad de comienzo de consumo habitual de bebidas alcohólicas que, según los últimos estudios, oscila entre los 13 y los 16 años (un poco antes en los varones que en las mujeres).

c) Se pasa de un consumo habitual, característico de las décadas anteriores, de vino al consumo de cerveza y de bebidas combinadas de alta graduación.

d) Actualmente los jóvenes consumen alcohol en los lugares de encuentro y diversión, con sus amigos, sus compañeros de grupo o de instituto y sin la presencia de adultos. El consumo de alcohol se hace fuera de los hogares y fundamentalmente en la calle, plazas y jardines.

e) Es importante el aumento en la incorporación de la mujer al consumo de alcohol. Existen todavía algunas diferencias.

Hay diferencias en el consumo de casi todas las drogas, en donde los varones consumen más. A excepción del tabaco, donde hay más mujeres adolescentes que varones que fuman, las mujeres tienden a abusar menos que sus compañeros varones. Sin embargo, lo cierto es que hoy hay más mujeres que varones adolescentes que consumen alcohol, pero son los varones los que beben más intensamente.

Por ello, el problema del consumo abusivo de alcohol sigue siendo más grave en los varones.

Las últimas tendencias del consumo de alcohol en la mujer, tanto en los últimos años de la adolescencia como cuando ésta entra en el mercado laboral, confirman que tienden a equipararse en sus consumos al varón, sobre todo a medida que aumenta su integración social y laboral, especialmente cuando nos referimos a personas que tienen un nivel socioeconómico medio o alto.

f) Consumen alcohol como una forma de pasar el tiempo libre en compañía de sus amigos y para relacionarse mejor tanto con los de su grupo de amigos como con los de fuera del grupo. Se consume alcohol sobre todo por sus efectos psicoactivos positivos y por la búsqueda de diversión.

g) La embriaguez es una de las características diferenciadoras de las pautas de consumo de los jóvenes. Algunos jóvenes que van buscando en el alcohol un punto de euforia y desinhibición se encuentran con la sorpresa de la borrachera. Para otros, la embriaguez es una meta en sí misma. Así, deja de ser fortuita y pasa a ser un medio para conseguir cosas o para sentirse de una forma especial.

h) El consumo de alcohol junto con otras drogas es otra de las características de los jóvenes actuales. Aunque algunos jóvenes beben sólo alcohol, hay un porcentaje importante de ellos que, además de ser los que beben más, consumen frecuentemente tabaco, junto con drogas ilegales como el cannabis, pastillas (éxtasis), cocaína, etc. Algunas drogas potencian los efectos del alcohol. Otras interaccionan de forma inesperada y pueden tener consecuencias graves, por lo que se deben evitar.

▶▶▶ Los jóvenes no consumidores, o consumidores moderados, se retiran antes a sus casas y salen menos días a la semana a divertirse.

Me voy de botellón

La fórmula de consumo de alcohol de moda de los jóvenes es el "botellón", fenómeno que se caracteriza por un consumo abusivo de alcohol en parques, calles y plazas durante el fin de semana.

Una de las características del mismo es que participan en él jóvenes que por su edad no pueden consumir alcohol y que además deberían tener horarios más restringidos y más control por parte de sus padres.

Participan en él casi igual número de mujeres que de hombres y las edades son preferentemente 16 y 17 años seguidas por los de 14 y 15 años. La mayoría de estos jóvenes vive con sus padres y son estudiantes.

▶▶▶ Las consecuencias negativas de este fenómeno son fundamentalmente: borrachera, alto consumo de alcohol y otras drogas (sobre todo tabaco y cannabis), molestias para los vecinos, rotura de mobiliario urbano, acumulación exagerada de basura y orines en la vía pública, así como otras más importantes como accidentes de tráfico o conductas sexuales inadecuadas.

▶▶▶ La ampliación de los horarios de bares, pubs y discotecas, ha propiciado el aumento del consumo de alcohol y otras drogas en los jóvenes. Junto a ello la venta de alcohol a menores para el botellón ha incrementado aún más el consumo de alcohol en los menores en los últimos años.

Preparación del botellón

Normalmente unos llevan las botellas y otros el dinero para pagar la parte que les corresponde.

El alcohol lo compran casi siempre los mayores de edad, bien en supermercados, tiendas de 24 horas o en tiendas cercanas a donde se celebra. Se consumen sobre todo combinados de licor de alta graduación con refrescos o bebidas de cola, lo que hace que el CO_2 que contienen éstas eleve la graduación de las bebidas. Se bebe alcohol con el estómago vacío. Algunos lo hacen con tanta rapidez que a la una o dos de la madrugada ya están en el hospital con un coma etílico.

Es frecuente ver a chicas embriagadas a horas relativamente tempranas de la noche. Esto se debe a que las mujeres necesitan menos alcohol que los hombres para alcanzar el mismo estado de embriaguez.

Otra cosa que los caracteriza es que suelen hacerse en plazas y jardines donde la presencia de adultos es nula. También utilizan cualquier portal, calle o espacio que les parezca adecuado, incluso encima de un coche que les sirve como mesa. Algunos permanecen en el mismo sitio toda la noche y otros, cuando cogen un punto de alcohol, se van a alguna discoteca.

▶▶▶ Los adolescentes, al estar bajo los efectos del alcohol, se implican en relaciones sexuales de riesgo ya que, aunque tengan suficiente información sobre métodos anticonceptivos para prevenir las enfermedades de transmisión sexual y los embarazos no deseados, no utilizan esos medios en esas condiciones. Está causando alarma en los profesionales de la salud la utilización abusiva de la píldora del día siguiente por parte de las adolescentes, ya que la utilizan como un método anticonceptivo y tiene muchos riesgos para la salud.

Alcoholismo y familia

Aunque la conducta de beber alcohol está socialmente aceptada, no ocurre lo mismo con el alcoholismo. Esto provoca un gran rechazo social y a menudo sentimientos de vergüenza en los familiares del afectado, así como un cierto grado de aislamiento social con la intención de que los demás no perciban lo que les ocurre.

El problema con el alcohol de un miembro de la familia se convierte en una causa de estrés y de desajuste que perturba la convivencia en el hogar y supone un importante impedimento para el desarrollo normal de las relaciones afectivas y de la comunicación familiar. Son habituales los conflictos entre los padres, y entre padres e hijos, lo que propicia un mal funcionamiento familiar generalizado. A menudo el alcoholismo es causa de separación matrimonial y supone la marginación social del alcohólico. Las alteraciones sexuales que produce el alcohol (impotencia, frigidez) contribuyen muchas veces al origen de dificultades en la relación con-

yugal. También los problemas económicos y laborales, además de los cambios del comportamiento producidos por el alcohol, contribuyen al empeoramiento del clima familiar. La violencia familiar está estrechamente ligada al consumo de alcohol.

Más del 60% de los casos denunciados por maltrato físico y/o emocional tienen que ver con el consumo abusivo de alcohol.

▶▶▶ Los hijos de padres alcohólicos (padre, madre o ambos) sufren más que nadie estos problemas. Las consecuencias son: problemas físicos y psicológicos. Además tienen mayor riesgo de ser alcohólicos cuando llegan a adultos y, en la adolescencia, pueden tener menor control por parte de sus padres y, por ello, iniciarse pronto en el consumo de alcohol y otras drogas.

Saber beber, beber con moderación

Cuando nos referimos a una persona en términos de "sabe beber" nos referimos en términos generales a una persona adulta que es moderada en el consumo de alcohol y éste no le produce ningún efecto perjudicial.

Pero no siempre es fácil delimitar dónde acaba el uso sin problemas y empieza el abuso.

Así, el consumo de una pequeña cantidad de alcohol puede resultar inofensivo para una persona

que está en su casa tranquilamente. Pero si, de repente, cambia la circunstancia y tiene que coger un coche, la misma cantidad de alcohol que ha tomado puede resultar peligrosa al conducir. Un criterio objetivo es beber sólo lo que el cuerpo puede metabolizar en un día, que naturalmente difiere de una persona a otra.

▸▸▸ Podemos decir que los bebedores moderados toman bebidas de baja graduación, alternan bebidas alcohólicas con otras sin alcohol, beben despacio y después o durante las comidas y nunca sobrepasan las cantidades recomendadas, que son diferentes para los hombres y para las mujeres. No consumen alcohol en circunstancias que pueden ser peligrosas o contraproducentes. Por ejemplo, cuando tienen que conducir, trabajar, o cuando tienen alguna contraindicación médica.

▶▶▶ Los adolescentes, además de metabolizar el alcohol peor que los adultos (porque no han finalizado su crecimiento físico), cuanto antes comiencen a beber, más probable es que se hagan dependientes del alcohol.

Además, es más probable que lo combinen con otras drogas, por lo que se debe retrasar el consumo de alcohol en los jóvenes.

Aunque actualmente exista una gran tolerancia social hacia las borracheras o embriagueces repetidas de los adolescentes los fines de semana, este comportamiento debe considerarse como una situación de abuso del alcohol.

Es evidente que los jóvenes no saben beber, dada la frecuencia con que alcanzan estados de embriaguez e incluso de coma etílico, lo cual es un problema grave que puede llevar a la muerte.

Cualquier persona puede tener una vida social satisfactoria, divertirse, disfrutar del tiempo libre y solucionar los problemas y dificultades de la vida sin tener que recurrir al alcohol.

¿Estoy mejor bebiendo o sin beber alcohol?

Lo mejor que puede hacer un adolescente es no beber alcohol. Cuando se tienen pocos años el cuerpo y el cerebro no están completamente desarrollados.

El alcohol incide negativamente tanto en el crecimiento como en otros múltiples aspectos de la vida. Además, el consumo abusivo incrementa todo tipo de riesgos, como agresiones, conducta violenta, accidentes de tráficos, borracheras, coma etílico, etc.

▶▶▶ Muchos jóvenes no beben. Saben que se pueden divertir sin consumir alcohol. De ello no hay ninguna duda. Por ello no beber es una buena, adecuada y saludable decisión que toman muchos jóvenes y adultos.

Cómo decir NO al alcohol

En la toma de decisiones sobre consumir o no alcohol, o simplemente consumirlo de forma moderada, en cuanto a los niños y adolescentes, es en primer lugar la familia quien desempeña un papel importante.

Todos sabemos que durante las fiestas o celebraciones familiares es casi obligado el consumo de alcohol.

En estas circunstancias ¿qué se debería hacer cuando está presente un adolescente? Se podría decir que no deberían participar en el consumo de alcohol hasta que fueran adultos, pero quizás sea una postura poco realista y difícil de cumplir, por lo que sería conveniente que los propios adultos hicieran un consumo moderado de alcohol y que retrasaran todo lo que pudieran la incorporación de los adolescentes al consumo, y en caso de consumir alcohol en estas fiestas, que lo hicieran de forma simbólica.

Al mismo tiempo en estas celebraciones es importante respetar la decisión de no consumir alcohol por parte de algunas personas y tener para ellas suficientes alternativas de bebidas sin alcohol.

Posiblemente esto ayudaría a transmitir a los jóvenes la idea de que la abstinencia es posible y es una opción también válida y aceptable socialmente.

▶▶▶ Cada vez son más las personas que deciden no tomar alcohol y lo hacen por diversos motivos.

Pero cuando realmente el adolescente tendrá que ponerse a prueba con respecto a consumir o no alcohol es cuando comience a salir solo con sus amigos y compañeros, en función del tipo de diversiones del grupo de amigos, de si los otros consumen o no, de si salen hasta altas horas de la noche, etc.

▶▶▶ Tienes derecho a no beber. Algunos jóvenes optan por dar excusas para no decir no directamente, otros no acuden a los lugares donde se bebe abusivamente, otros se van de esos lugares si observan que el tema se pone feo, y así otras muchas opciones que los jóvenes que no quieren beber ponen en marcha.

Con frecuencia, salir de marcha y consumir alcohol y drogas van unidos para muchos jóvenes y es, en este contexto, donde se producen los consumos excesivos de alcohol. Naturalmente la opción de no beber es válida. Aunque la gente esté bebiendo a tu alrededor tú puedes abstenerte.

Las presiones para beber alcohol

Los jóvenes frecuentemente se ven presionados a beber cuando se encuentran dentro de un grupo de compañeros que beben. Éste es el principal factor que incide en el inicio del consumo de alcohol en jóvenes.

Algunas veces la presión es directa pero otras veces el joven se siente presionado aunque el grupo no lo invite directamente.

El consumo de alcohol influido por una presión colectiva, más o menos sutil, está asociado a los hábitos de alimentación, a la búsqueda de diversión y de nuevas sensaciones, a la hospitalidad y a la cohesión grupal así como a un rito de iniciación en la vida adulta y, en el caso de muchas chicas jóvenes, a una equiparación igualitaria al comportamiento de los chicos. El afán de los adolescentes de identificación con el mundo de los adultos, o con los compañeros de más edad, junto con la inexperiencia previa, pueden acentuar los problemas relacionados con la ingestión de alcohol.

La gran tolerancia social hacia el alcohol y el que se perciba como una sustancia poco peligrosa contribuye a su consumo.

La industria del alcohol frecuentemente emite mensajes que invitan al consumo de alcohol. Y así seguirán para captar a nuevos clientes, a nuevos bebedores.

La promoción por parte de algunos establecimientos nocturnos (ej., pubs) del 2 x 1 (dos consumiciones al precio de una) está comprobado que aumenta el consumo de alcohol en jóvenes.

▶▶▶ A pesar de que los jóvenes que consumen abusivamente alcohol parecen ser los protagonistas de la diversión, y los que salen en los medios de comunicación, realmente son más los jóvenes que no consumen o que lo hacen de forma moderada. De éstos no se habla, se habla poco, o cogen los primeros todo el protagonismo. Habría que destacar el comportamiento de los que no consumen, su forma de divertirse, valores, motivaciones, concepto de la amistad, etc.

▶▶▶ La presión que se está haciendo por parte de los consumidores hacia los que no consumen alcohol, apoyada por esta falsa idea de normalización del consumo, hace que muchos de los jóvenes que no consumen pasen a consumir, cuando lo deseable sería que se invirtiese el proceso.

Cómo la publicidad nos incita a beber

La publicidad sobre el alcohol nos presenta sólo la cara más amable de éste y descarga la responsabilidad del consumo excesivo en los que lo hacen. Tanto la televisión como los anuncios en revistas, vallas publicitarias, la promoción de fiestas y acontecimientos deportivos, etc., nos presentan las bebidas alcohólicas con escenas agradables, artistas famosos, cantantes, asociadas a la belleza, al sexo, a la diversión, etc.

La publicidad asocia bebida alcohólica con valores y estímulos atractivos para los adolescentes, como la amistad, el carácter, la independencia, la libertad, entre otros. Las películas de cine, y a veces series de televisión, utilizan de forma encubierta actores consumiendo alcohol.

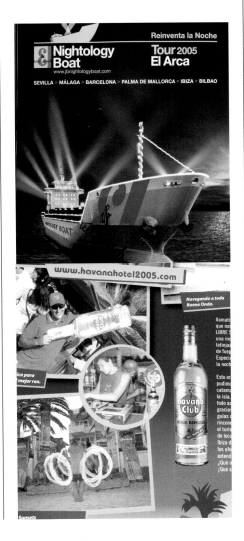

▶▶▶ El objetivo de la publicidad es conseguir que la gente beba alcohol. Por ello utiliza todos los recursos de que dispone, como recurrir al engaño si es necesario.

Así, utiliza imágenes atractivas, hace que el producto parezca más inofensivo de lo que es en realidad, lo asocia con la atracción del sexo presentando personas guapas, atractivas, pasándoselo bien tomando alcohol.

Piensa por ejemplo en los anuncios de cava en Navidad, donde todo un derroche de imaginación nos presenta una imagen divertida, "glamurosa" e incluso a veces ingenua donde las burbujas de cava parecen más bien un juego de niños desviándonos la atención de los aspectos negativos del alcohol.

La publicidad nunca nos habla de los efectos negativos del alcohol y lo presenta como una sustancia inofensiva. Como sabemos, el alcohol tiene muchas y graves consecuencias, como borracheras, enfermedades, ruptura familiar, alcoholismo, accidentes de tráfico, problemas laborales, etc.

Alcohol y problemas escolares

Los problemas escolares derivados del abuso de alcohol son principalmente los de bajo rendimiento escolar y faltas de asistencia a clase, que llegan a ser cuatro veces más frecuentes en los alumnos que beben respecto a los que no beben.

También los escolares que consumen alcohol están menos implicados en las actividades escolares y extraescolares. Entre los repetidores hay una mayor proporción de alumnos que beben alcohol. Hoy es clara la gran relación que existe entre consumo de alcohol y fracaso escolar.

En los últimos años se aprecia que hay un grupo de jóvenes que empiezan a beber a edades más tempranas que hace cinco o diez años. Esto produce un agravamiento del problema del consumo de alcohol en relación con la escuela, debido a que una parte de estos jóvenes dejan los estudios prematuramente. Esto les va a propiciar a muchos de ellos, a medio y a largo plazo, no poder completar los estudios, no acceder a puestos laborales adecuados, ganar menos dinero... En suma, esto los va a llevar a tener menos posibilidades de éxito en la vida, además de una interrupción en su desarrollo saludable y en su educación.

Alcohol, peleas y actos vandálicos

El consumo de alcohol, sobre todo en la forma en que lo consumen una parte de los jóvenes el fin de semana, está muy relacionado con conductas violentas como peleas, rotura de mobiliario urbano, accidentes, robos, etc.

Está comprobado que no sólo el alcoholismo sino que también el estado de intoxicación aguda (embriaguez o borrachera) facilita las conductas violentas y delictivas. En general, cuanto más alcohol consume una persona más aumentan las probabilidades de que cometa un acto ilegal, una falta o un delito.

Son más frecuentes las conductas delictivas entre los alcohólicos que entre el resto de las personas. Es frecuente, entre personas que están bajo los efectos del alcohol, que a partir de una pequeña discusión sin importancia, pasen a una pelea sin causas aparentes.

El consumo excesivo de alcohol por parte de grupos de jóvenes los fines de semana parece que es responsable de una gran parte de los actos vandálicos que se producen con la consiguiente rotura de papeleras, contenedores, farolas, etc., lo que provoca importantes gastos a los ayuntamientos y, por consiguiente, a todos los ciudadanos.

Tasa de mortalidad por 100.000 habitantes, en jóvenes de 15 a 24 años, en España			
	Accidentes de tráfico	Aparato circulatorio	Tumores malignos	VIH
Varones	31,0	5,0	6,2	4,2
Mujeres	8,6	1,9	4,5	1,5

Alcohol y accidentes de tráfico

Las consecuencias del alcohol sobre la conducción de vehículos es uno de los efectos más conocido a la vez que preocupante a la vista de los datos, sobre todo en jóvenes.

Aproximadamente el 50% de los accidentes de tráfico mortales, y entre el 25% y el 40% de los accidentes graves, tienen como protagonista al alcohol. Además, el 35% de los siniestros se producen en fin de semana (días de consumo principal de alcohol de los jóvenes). El hecho de que los jóvenes consuman alcohol fuera de casa, conlleva la posibilidad de desplazamiento sobre todo en coche, e incrementa el consiguiente riesgo de accidentes. Así, los accidentes de tráfico ligados al consumo de alcohol constituyen la principal causa de muerte entre los jóvenes y adolescentes.

El riesgo de sufrir un accidente de tráfico aumenta de manera proporcional a los niveles de alcoholemia aún sin llegar al nivel mínimo permitido por la ley. En realidad, no existen prácticamente niveles de alcohol en sangre para conducir con seguridad por lo que la norma más segura es conducir sin haber consumido ninguna cantidad de alcohol. Y, si tienes que ir en un coche en el que el conductor ha tomado alguna cantidad de alcohol, lo mejor es no subir al mismo. Lo importante es nuestra seguridad, no arriesgarnos a tener un posible accidente en la carretera.

El nivel de alcoholemia que permite la ley para conducir, en personas mayores de 18 años de edad, es de 0,5 g/l de sangre (0,25 mg/l de aire espirado). Esto significa que una persona adulta que haya bebido más de 2 cervezas o vasos de vino, dará positivo en el control de alcoholemia (equivale a 0,40 g/l en sangre y 0,20 mg/l en aire espirado; el límite para conductores noveles es 0,30 g/l en sangre).

Alcoholemia según la bebida consumida en personas adultas, de 18 o más años

Bebida	Volumen (cm³)	Grados de alcohol	Gramos de alcohol	Alcoholemia con una consumición(1) Varón	Mujer
Cerveza (quinto)	200	6	10	0,20	0,25
Cerveza (333 cm³)	333	6	15	0,30	0,40
Vaso de vino	100	12	10	0,20	0,25
Copa de cava	100	13	10	0,20	0,25
Copa de whisky, coñac, ron, etc.	45	45	17	0,30	0,40

(1) Este nivel de alcoholemia es para un varón de 65 kg y para una mujer de 55 kg de peso.

El joven que se emborracha

Hay jóvenes que por distintos motivos se emborrachan (por ejemplo, en el botellón). Al día siguiente de una borrachera esa persona se siente mal y no puede acudir a sus clases.

Precisamente el problema de consumir alcohol hasta estos extremos es que en la mayoría de las ocasiones la persona no se acuerda de nada de la juerga de la noche anterior y, al día siguiente, está en unas condiciones tan lamentables que no sirve literalmente para nada. Además, puede tener resaca al prolongarse los efectos del alcohol hasta el día siguiente. La borrachera hace que las personas hagan o digan algunas tonterías de las cuales se pueden luego arrepentir (insultar a otras personas, despreciarlas, amenazarlas, pegarles, etc.).

Cuando le ocurre esto a una persona lo mejor que puede hacer es pedir ayuda.

Sus padres deberían darse cuenta de lo que le ocurre y ayudarle....

Nuestro código de circulación limita la cantidad máxima de alcohol en sangre permitido a:
- 0,50 g/l para conductores de turismo, y de
- 0,30 g/l para conductores de autobuses y de transportes especiales y los que han sacado el carné de conducir hace menos de 2 años (los conductores novatos).
La evaluación en aire espirado es la mitad del valor en sangre.

▶▶▶ El consumo de alcohol aumenta el riesgo de tener accidentes de tráfico en los jóvenes debido a que les provoca pérdida de reflejos y numerosos déficits perceptivos, al mismo tiempo que desinhibición y falsa sensación de control que hace que se pongan al volante cuando no están en condiciones de hacerlo.

Qué dice la ley acerca del consumo de alcohol

En España está prohibida la venta de bebidas alcohólicas a menores de edad, tanto en bares como en otros establecimientos comerciales, como supermercados y tiendas de comestibles.

INFORMA:

"Queda PROHIBIDA la venta y suministro de bebidas alcohólicas a menores de 16 años, y en caso de bebidas de más de 18º, a los menores de 18 años".

Aunque en adultos está permitido beber alcohol en cualquier lugar en el que se consienta, hay algunas restricciones en cuanto a la conducción de vehículos.

Las tasas de alcoholemia (nivel de alcohol en la sangre) permitidas por la ley española son 0,5 g/l para los conductores de turismo y 0,3 g/l para los conductores de transporte público y para los conductores noveles que han sacado el carné de conducir hace menos de dos años (la medida en aire espirado es la mitad de gramos anteriores).

▶▶▶ También se ha limitado en los últimos años la emisión de mensajes publicitarios dirigidos explícitamente a adolescentes, ya que estos mensajes incitando a beber a los jóvenes son difíciles de contrarrestar por los adolescentes que, en muchos casos, carecen de una actitud crítica ante la publicidad. A pesar de ello, las empresas alcoholeras se saltan la ley promocionando con la marca de bebidas conciertos, barcos flotantes o sacando al mercado bebidas de baja graduación, que con la misma marca o denominación que las de alta graduación, anuncian directa o indirectamente alcohol.

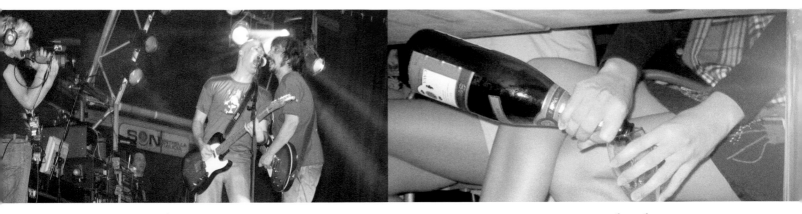

Qué hacer si tengo un problema con el alcohol

Como en las demás adicciones es importante detectar el abuso de alcohol lo más pronto posible. Así es más fácil controlarlo y afrontarlo que cuando ya se tiene una fuerte dependencia física y psicológica del alcohol.

Podemos pensar que tenemos un problema con el alcohol si nuestro consumo se ha hecho más frecuente en los últimos tiempos y, además, hemos aumentado la cantidad llegando muchas veces a un estado de embriaguez o de casi embriaguez.

La persona que tiene estos problemas debería observar si el alcohol pasa a ser más importante en su vida que sus estudios, su familia, sus amigos, etc.

Entonces debería reconocerlo y pedir ayuda ahora que es más fácil que si deja pasar el tiempo. Le se-

▶▶ También si has sentido la necesidad de disminuir tu consumo de alcohol, te han aconsejado tus amigos que bebas menos o has sentido la necesidad de beber por las mañanas. Analiza si también te ocurre lo siguiente:

❚ Últimamente tienes menos interés por los estudios.

❚ Faltas a clase después de haber bebido alcohol el día anterior.

❚ Tienes cambios bruscos en el estado de ánimo.

❚ Llegas a casa por la noche cada vez más tarde, con el consiguiente cambio en los hábitos de sueño.

❚ Has sustituído tus antiguos amigos por otros actuales que beben alcohol.

❚ Han aumentado las discusiones con tus padres por el alcohol.

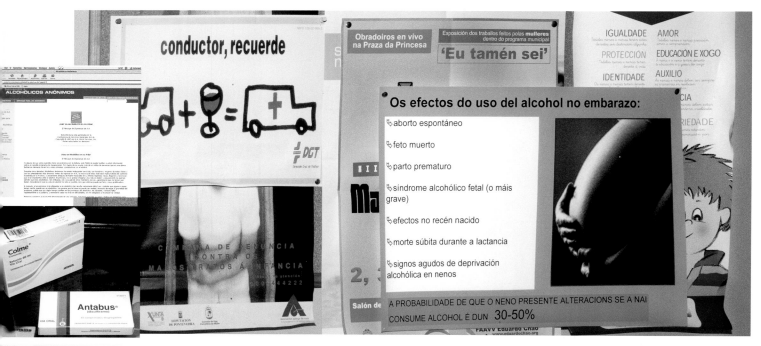

Os efectos do uso del alcohol no embarazo:

- aborto espontáneo
- feto muerto
- parto prematuro
- síndrome alcohólico fetal (o máis grave)
- efectos no recén nacido
- morte súbita durante a lactancia
- signos agudos de deprivación alcohólica en nenos

A PROBABILIDADE DE QUE O NENO PRESENTE ALTERACIONS SE A NAI CONSUME ALCOHOL É DUN 30-50%

rá de gran ayuda a la hora de tomar una decisión sobre su consumo de alcohol informarse debidamente sobre las consecuencias negativas a corto, medio y largo plazo del consumo excesivo de alcohol y no fijarse sólo en los efectos placenteros iniciales de dicho consumo. Uno de los indicios que le puede hacer sospechar a la persona que tiene un problema con el alcohol es que siempre que sale a divertirse necesita tomar alcohol.

▶▶▶ Si esa persona reconoce que tiene un problema con el alcohol lo primero que tiene que hacer es pedir ayuda a sus padres, pero también puede pedirla a sus amigos, a otros adultos, a sus profesores o a cualquier profesional de la salud si se ve incapaz de dejar de beber por él mismo.

▶▶▶ Reconocer que se tiene un problema es importante para poder ayudarse a uno mismo. Y si no puedes solucionar tú solo el problema, te vendría bien pedir ayuda a las personas que tienes más cerca o acudir a un profesional sanitario.

Es importante que la persona analice su relación con el alcohol y la necesidad que tiene del mismo para ser capaz de enfrentase a distintas situaciones; si es así puede que necesite ayuda y lo que debe hacer es buscarla.

▶▶▶ Opinión de un joven de 17 años sobre sus amigos que abusan del alcohol: "He tenido que dejar de salir con mis amigos porque no soportaba escucharlos hablar toda la semana de la borrachera que habían cogido el fin de semana anterior y de la que se iban a coger el siguiente. Además, con el alcohol se meten de todo".

Cómo ayudar a un amigo con problemas de alcohol

La mayoría de los jóvenes que no consumen alcohol, estarían dispuestos sin embargo, a ayudar a un amigo o amiga con problemas con el alcohol.

La dificultad principal es conseguir que la persona que tiene el problema lo reconozca y busque ayuda. Si es así anímale a que dé los pasos necesarios para pedir ayuda. Sugiérele que lleve a cabo un tratamiento si es preciso y muéstrale que se puede vivir y divertirse sin alcohol. Habla con él cuando no esté bajo los efectos del alcohol. Infórmale de los riegos que puede tener si continúa empeñado en seguir consumiendo. Déjale claro que no puedes estar con él cuando bebe pero que pude recurrir a ti si precisa ayuda. Dile que cuando tome la decisión de dejarlo puede contar contigo para ayudarlo.

En los jóvenes está muy relacionado el consumo de alcohol con la ansiedad y la depresión, como lo demuestra la gran cantidad de intentos de suicidio en jóvenes que se producen bajo los efectos del alcohol.

▶▶▶ Ayúdale a descubrir el mundo y a tener sensaciones nuevas y placenteras como por ejemplo a través de la música, el deporte, el aire libre, las obras de arte, la observación de la naturaleza, y cualquiera de las múltiples actividades que nos podemos encontrar en la vida cotidiana. Seguro que las encuentras. También que piense si realmente usa el alcohol porque carece de alguna habilidad para relacionarse y necesita el alcohol para suplir estas deficiencias que tiene. Busca las causas de su consumo: depresión, timidez, presión del grupo y otras.

A dónde se puede acudir si se tienen problemas con el alcohol

▮Teléfono del menor: 112.

▮ El orientador escolar de tu centro escolar, instituto o centro de formación profesional.

▮Tu médico de cabecera.

▮ El centro de salud mental más cercano.

▮ El centro de drogodependencias más cercano.

▮ El centro de alcoholismo más cercano.

▮ Profesionales de la salud (psicólogos) especializados en el tema.

▮Asociaciones de adicciones de tu ciudad.

Este libro, que forma parte de la colección SABER PARA VIVIR, acabó de imprimirse en los talleres de Alva Gráfica en septiembre de 2005.